DESCRIPTION
ET USAGE
DU MICROSCOPE.

ON voit fur l'Eſtampe ci-jointe le Microſcope tout monté ſur ſon pied, toutes les piéces néceſſaires à ſon uſage y ſont auſſi repréſentées.

Ces piéces ſe placent, une partie dans le tiroir du pied, & le reſte dans un tiroir qui eſt au bas de la boëte, dans laquelle on enferme le Microſcope pour le défendre de la pouſſiere, & le tranſporter facilement. La baze du Microſcope entre à couliſſe dans cette boëte, ce qui le rend inébranlable.

A. repréſente le corps du Microſcope fait de cuivre, ainſi que preſque toutes les autres piéces qui l'accompagnent.

Au milieu de la hauteur du Microſcope, il y a deux pas de vis qui ſe

*

montent dans une ouverture propor-
tionnée & faite à la piéce de cuivre
qui le foutient, & qui eft attachée à
une barre de cuivre quarrée. C.

B. Seconde barre quarrée, dont
le bout inférieur eft attaché à la plaque de cuivre, arrêtée par des vis,
fur une boëte d'Ebenne quarrée qui
contient un tiroir qui renferme les différentes piéces néceffaires.

La premiere barre marquée C. fem-
blable à celle marquée B. mais plus
courte, fe leve & s'abaiffe avec le
corps du Microfcope. Le bout inférieur entre dans la boëte de cuivre
qui eft quarrée, & renferme les deux
barres enfemble.

D. Piéce de cuivre quarrée en for-
me de ceinture, qui entoure les deux
barres quarrées, & gliffe deffus en
hauffant ou baiffant ; il y a fur un côté
une vis à oreille pour arrêter cette piéce fur la barre B. & empêcher que
la barre C. ne defcende quand le Microfcope eft placé à peu près à la hauteur qu'on fouhaite, en mettant le bord
de la ceinture vis-à-vis le chiffre qui
répond à celui de la lentille dont on
fe fert.

E. Vis fine, ayant à son bout supérieur un bouton, qu'on tourne à
droite ou à gauche (après avoir ar-
rêté la ceinture) afin de placer par
un mouvement doux & insensible avec
la derniere précision, l'objet dans le
véritable foyer de la lentille.

F. Piéce de cuivre platte & posée ho-
rizontalement, attachée à la barre B.
ayant au milieu un trou rond, au dessus duquel se trouve le bout du Microscope, qui porte la lentille : c'est
sur cette plaque que doivent se placer les divers objets qu'on a à examiner.

G. Miroir concave enchassé dans
une boëte de cuivre, laquelle tourne
sur deux vis atachées à un demi cercle, soutenu par un axe vertical qui
entre dans la plaque qui sert de baze,
ensorte que ce Miroir a par cet ajus-
tement un mouvement vertical, & un
horizontal, afin que la lumiere ve-
nant du Ciel, du Soleil, ou d'une
bougie, se puisse refléchir exactement
sur l'objet qu'on observe

H Loupe convexe, mobile sur deux
pivots verticalement, & mobile hori-

zontalement sur son axe qui entre dans
un canon, attaché sur un coin de la
plaque F. & dont un bout qui est fendu fait ressort.

I. Cylindre creux & ouvert de chaque côté, sur le bout d'enbas est monté
à vis un miroir d'argent concave, per-
cé au milieu ; ce cylindre se monte sur
le bout inférieur du Microscope, & se
met à la hauteur du chiffre qui y est
gravé , & qui répond à la lentille
dont on veut se servir ; par ce moyen
le foyer de ce miroir peut s'accorder
avec le foyer de chaque lentille sépa-
rement , ensorte que les objets opaques se trouvent placés en même-tems
dans le foyer de la lentille , & dans le
foyer du miroir qui éclaire ces objets
d'une maniére qui surprend.

K. Petites piéces d'Ebene percées
de quatre trous ronds, il y en a plu-
sieurs pour un Microscope, chaque
trou est garni de deux talcs transparens , arrêtés par un petit cercle de
cuivre qui les contient , en faisant un
peu ressort ; les Curieux peuvent y
placer les objets qu'ils voudront con-
server & tenir toujours prêts à observer.

L. Piéce pour porter ces lames d'E-
bene garnies de talcs, ou pour porter des lames de glace, pour y mettre
quelques gouttes de liqueur. Cette piéce est composée de trois plaques de
cuivre, dont deux sont attachées en-
semble par quatre petits piliers, & la
troisiéme, placée entre les deux autres
est mobile, & est soutenue par deux
petits ressorts; c'est entre cette plaque
mobile, & la supérieure, qu'on fait passer les lames d'Ebene ou de glace; il
y a au-dessous une virolle qui entre
exactement dans l'ouverture ronde
qui est à la plaque ou porte objet F,
sur lequel cette piéce doit être placée,
quand on veut s'en servir.

M. Plaque de cuivre un peu concave, sur laquelle on arrête légere-
ment avec une bande de toile étroite
& mouillée un Testart, un Eperlant,
Gougeon ou autre petit poisson, dont
la queue soit bien mince & transpa-
rante, afin d'y pouvoir observer la
circulation du sang.

On place la queue sur l'ouverture
qui est au bout le plus étroit de cette
piéce, on fait entrer le bouton qui est

deſſous dans la petite ouverture qui
eſt à un coin du grand porte objet F.
Comme il y a un reſſort ſous cette piéce, en l'avancant ou en la reculant, on
peut l'arrêter facilement dans la ſi-
tuation la plus convenable à l'objet
qu'on veut voir. Si le poiſſon n'eſt pas
aſſez tranquille, on paſſe un fil à travers les petits troux de la plaque par-
deſſus ſa queue, afin de l'arrêter : On
peut ſe ſervir des lentilles des numéros
3 ou 4. elles donnent beaucoup de lumiere.

 N. Tuyeau de verre qui ſert auſſi
à obſerver la circulation du ſang dans
la queue d'un Teſtart ou d'une An-
guille, dans la membrane qui joint
les doigts de la pate de derriere d'une
petite grenouille. On étend l'animal
dans le tuyau, on gliſſe ce tuyau par
deſſous le porte objet F. où il y a
deux reſſorts pour le ſoutenir, de ſor-
te que l'objet ſe trouve placé ſous la
lentille.

 Il y a pluſieurs tuyaux, & l'on choi-
ſit celui qui eſt proportionné à l'animal qu'on veut obſerver. On les met
les uns dans les autres, en les ſéparans

avec du cotton qu'on retire avec un fil d'archal, dont le bout est en spirale.

O. Petite Pincette à ressort pour fixer de petits objets sous la lentille ; le corps de cette piéce est long, & terminé en pointe par l'autre bout; cette piéce coule dans un petit tuyau qui est fendu, fait ressort, & tient à un petit genouil, dont la tige entre dans le trou qui est au coin de la plaque F. & qui sert aussi à recevoir quelquefois la Loupe. H.

P. Petit Cylindre blanc d'un côté & noir de l'autre, pour y placer de petits objets de couleurs opposées. Ce Cylindre se place à la pointe de la pincette O. & se met au milieu de de l'ouverture du porte objet F. On met sur ce Cylindre les sables, sels & autres petits objets qu'on veut observer en les éclairant par la lumiére refléchie du Miroir d'argent, monté sur le Cylindre I. comme ce Cylindre est petit, il intercepte très-peu de la lumiere du Miroir. G. refléchie par le miroir d'argent ; par ce moyen les objets sont dans une lumiere des plus vives.

PP. Est une piéce de cuivre plus commode que le Cylindre P. Elle se place entre les deux plaques de la piéce L. qui se monte sur le porte objet. F. Et on y place sur le côté blanc ou sur le côté noir les objets qu'on veut examiner.

Q. Piéce qu'on nomme porte lentille. Le petit bout a une petite calote qui se dévisse lorsqu'on veut essuyer la lentille qu'elle renferme. Il y a six lentilles de différens foyers, chacune est montée dans une piéce semblable. Ces portes-lentilles se montent successivement sur le bout du corps du Microscope, lorsqu'on veut voir différentes sortes d'objets qui demandent des lentilles plus ou moins fortes; ou lorsqu'on veut voir un même objet sous différentes grosseurs.

R. Cône de cuivre qu'on place au-dessous du milieu du porte objet. F. pour exclure les rayons obliques réfléchis par le Miroir G, & ne laisser passer que les plus directs. On se sert de cette piéce principalement avec les lentilles du Nº. 1, 2, 3 ou 4, lorsqu'on observe des objets transparens, ou les animaux qui se trouvent dans des liqueurs. Sans cette précaution, les objets transparens, & ceux qui n'ont presque point de couleur paroissent mal terminés ; car ils demandent une petite quantité de rayons directs de lumiere refléchie par le Miroir G.

Quand pour observer la circulation du sang, on se sert des tuyaux de verre, le cône ne peut plus servir, on prend alors un carton ouvert dans le milieu, qu'on place sur le Miroir concave G. pour intercepter les rayons obliques, il y en a deux ou trois de différentes ouvertures.

Quand on observe des objets opaques sur la piéce PP. on doit ôter le cône, car on manqueroit de lumiere.

Ces attentions sont absolument nécessaires, si on veut voir les objets distinctement.

S. Boëte ronde qui sert a enfermer de petits objets vivans, entre deux verres, dont l'un est concave, & l'autre plat, on met cette boëte sur le porte objet F. & en lui donnant un

*v

peu de mouvement , on trouve ſes objets.

T. Verre concave dans lequel on peut placer une goutte de liqueur qu'on veut obſerver , & qu'on peut couvrir d'un verre plat, quand on veut conſerver la goutte un peu plus long-tems ſans quelle s'évapore.

V. Vaiſſeau de verre cylindrique pour obſerver dans une petite quantité d'eau les animaux qui s'y trouvent , en ſe ſervant de lentilles qui ne groſſiſſent pas trop.

U. Cylindre large & plat , dont un côté eſt d'Ebene , & l'autre d'Yvoire , on place les objets qui ſont bruns ou noirs ſur le côté blanc, & les blancs ou gris ſur le côté noir. Les lentilles 4 , 5 , & 6 , ſervent ordinairement à voir les objets opaques.

W. Boëte d'Yvoire double , avec deux couvercles, un à chaque bout. Dans un côté on place de petits talcs, & dans l'autre de petits cercles de cuivre, pour mettre à la place de ceux qui ſe perdent aux lames d'Ebene K.

X. Pincette pour prendre & placer l'objet qu'on veut obſerver.

Y. Loupe à grossir, qu'on tient à la main lorsqu'on prépare les objets ou qu'on veut les placer sous le Microscope.

Z. Pinceau qui sert à nettoyer les verres sans les démonter ; l'autre bout sert à prendre une goutte de la liqueur qu'on veut observer.

Après une description aussi étendue des piéces qui composent le Microscope, il suffira de dire un mot de la maniere d'observer les objets.

Si on veut voir un objet placé entre deux talcs dans une des lames d'Ebene. K. on la placera entre les deux plaques de cuivre de la piéce L.. qu'on doit mettre sur le porte objet F. on choisit la lentille dont on veut se servir, on la monte sur le bout du Microscope, on hausse ou baisse la barre C. qui porte le corps du Microscope, jusqu'à ce que le bord supérieur de la piéce de cuivre D. qui sert de ceinture, soit vis-a-vis le chiffre gravé sur la barre B. lequel répond au chiffre gravé sur la piéce, qui renferme la lentille dont on veut se servir.

Si l'on se sert, par exemple, de la

lentille N°. 4, il faut que le bord de la ceinture D soit vis-à-vis N°. 4 gravé sur la barre B. Alors on l'arrête en serrant la petite vis qui y est montée ; on place l'œil sur l'ouverture du Microscope, on incline le miroir de façon que l'objet paroisse bien éclairé dans le champ du Microscope, & on tourne le bouton de la vis E à droite ou à gauche, jusqu'à ce qu'on voye son objet distinctement. *La dixième partie d'un tour de vis donne ou ôte la distinction* ; ainsi on trouve facilement le point de vûe sans perdre son objet. Ce point de vûe est différent pour les vûes courtes ou longues.

Si l'on examine des objets sur le grand Cylindre d'Ebene O ou dans les tuyaux de verre N. comme la hauteur est différente de celle de la piéce L. il faut hausser ou baisser le corps du Microscope jusqu'à ce qu'on voye son objet, ensuite on trouvera le véritable point de vûe, en se servant de la vis E.

Si vous voulez examiner des objets opaques, placez la piéce PP. entre les deux plaques de la piéce L. mile fur le porte objet F , mettez l'objet s'il eft blanc ou gris fur le côté noir, ou fur le côté blanc s'il eft brun ou approchant du noir, montez enfuite le Cylindre I. qui porte le petit miroir d'argent, fur le bout du Microfcope, de telle forte que le bord raze le chiffre gravé fur le Microfcope, lequel dóit répondre à celui qui eft gravé fur le porte lentille, hauffez ou baiffez le Microfcope jufqu'à ce que l'objet commence à paroître ; arrêtez la ceinture D. par le moyen de la petite vis ; tournez le bouton de la vis E. à droite ou à gauche, & l'objet paroîtra diftinctement & dans une grande lumiére ; foit que la lumiére réflechie par le grand Miroir, & enfuite par le petit miroir, vienne d'une bougie, ou qu'elle vienne du Ciel comme d'une nuée blanche, ou qu'elle foit renvoyée par une muraille éclairée du Soleil.

Si l'objet qu'on obferve eft trop grand, on fe fervira à la place du Miroir d'argent de la Loupe H. qu'on placera de façon que la lumiére d'une bougie paffant à travers, éclaire cet objet , on peut encore y faire paſſer quelques rayons du Soleil réflechis par une glace.

A l'égard des objets tranſparens , tels que les animaux qui ſe trouvent dans de l'eau, où il y a eu quelque fleur ou plante pendant quelques jours , il faut placer une goutte de cette eau ſur la lame de glace, la paſſer entre les plaques de la piéce L. mettre le cône ſous le porte objet F. & éclairer l'objet par le grand Miroir G. ſoit par une Bougie placée à 8 à 10 pouces de diſtance , ſoit par la lumiere du jour ou du ſoleil.

Il faut avoir ſoin que l'écrou de la ceinture D. ſe trouve à peu près au milieu de la vis E. afin d'avoir toujours de quoi tourner à droite ou à gauche , ſelon qu'il eſt néceſſaire. Lorſqu'on veut nettoyer les verres du Microſcope , il faut les eſſuyer avec un linge doux & bien net ; après en avoir ôté legerement la pouſſiere de peur de les rayer. On peut répandre ſon haleine ſur les verres pour les mieux nettoyer, en les eſſuyant enſuite. Il faut les placer bien ſecs , n'y point poſer les doigts de peur de les graiſſer : lorſqu'ils ſont trop ſales on les lavera avec de l'eſprit de vin.

A l'égard des lentilles on peut les nettoyer avec le peinceau ſans les demonter. Si elles étoient cependant trop ſales, il faut les eſſuyer avec les mêmes précautions dont on vient de parler, & les placer de maniere que le centre de chaque petite lentille ſoit vis-à-vis le milieu du trou de la piéce qui la contient.

MICROMETRES appliqués au Microſcope.

S'Il eſt ſatisfaiſant de découvrir par le moyen du Microſcope une infinité d'objets qui échapent à nos yeux, il n'eſt pas moins intéreſſant de connoître la grandeur de ces objets en eux-mêmes, & de ſavoir en même tems combien ils ſont amplifiés ; c'eſt à ce dégré de préciſion que l'on vient de parvenir par l'application des Micrometres. M. le Duc de Chaulnes dont on connoît l'ardeur pour l'avancement des Arts & des Sciences, s'étant fait faire un Microscope, dont M. Passement lui avoit fourni les verres & le Miroir, chercha le moyen de mesurer les objets en eux-mêmes, & en même tems de connoître combien ils étoient augmentés par le Microscope. Il imagina de mettre un Micrometre au dessous du Microscope; il devoit servir aussi en même tems à placer facilement l'objet le plus petit. Il avoit 8 pouces de long, une vis faisant trois tours & demi par ligne, portant une éguille sur un cadran divisé en 100 parties, faisoit avancer ou reculer une piéce assez longue qui portoit une pince pour tenir les lames de glace ou d'ébene où se mettoient les objets. Cette pince étoit mobile par une vis sans fin, à droite ou à gauche. Sur la plaque inférieure étoit une division qui marquoit les tours de vis. Il chargea M. Passement de la construction de cette piéce. M. Passement avoit aussi de son côté pensé à appliquer le Micrometre au Microscope. Le ſien étoit également compoſé d'une vis & d'un cadran qu'il attacha au corps du Microſcope ; une pointe qui avançoit ou reculoit dans le champ du microſcope, meſuroit la grandeur des images des objets. Après avoir vu moi-même ces divers effets, je paſſai à Londres, où je trouvai que M. Cuff, Inventeur de ce Microſcope, avoit auſſi appliqué un Micrometre au Microſcope, d'une façon différente ; c'étoit une plaque ronde, dont l'ouverture étoit diviſée par des fils d'argent à une telle diſtance, qu'un pouce en longueur étoit partagé en 50 parties, & que la ſurface étoit diviſée en 2500 parties.

Voici la deſcription & l'uſage des uns & des autres.

Micrometres faits avec des vis.

Comme le Micrometre de M. le Duc de Chaulnes demande une baze aſſez étendue, M. Paſſement la réduit à un très-petit volume.

AA. Repreſente ce Micrometre qui doit être attaché ſur le devant du por-

te objet F. à la place de la Loupe H.
qu'on pose à un autre Angle. Cette
piéce est composée d'une plaque, sur
le bout de laquelle est attaché un Cadran divisé en 100 parties; on voit
sur ce Cadran une éguille & un bouton qui tiennent à un même arbre, lequel passe à travers le Cadran,& dont
le corps qui est tarodé passe à travers
un écrou qui coule dans une fente
faite à la plaque inférieure; sur le
dessus de cet écrou est attaché une
piéce qui fait l'équerre,laquelle porte
une pince qui souvre plus ou moins
par le moyen d'une vis; cette pince
sert à porter la glace sur laquelle on
met les objets qu'on veut observer;
une seconde vis qui est sur le côté,
pousse cette pince de la droite à la
gauche. Sur la plaque inférieure, il y
a une division qui marque le nombre
de tours que l'éguille fait. Outre cela,
l'éguille marque sur le Cadran la division où elle s'arrête.

Le second Micrometre BB. est semblable au premier pour la plus grande partie; il doit être attaché sur le
corps du Microscope vis-à-vis le

Diaphragme. La différence qu'il y a de ce Micrometre au premier, c'est qu'aulieu de l'équerre & de la pincette, il y a une éguille attachée au-deſſous de l'écrou, qui paſſe à travers la couliſſe de la plaque qui ſert de baze. Cette pointe entre dans le Microſcope, & en tournant le bouton qui tient à la vis, cette éguille parcourt le champ du Microſcope.

Connoitre combien chaque lentille groſſit.

Il faut commencer par ſçavoir combien il faut que l'éguille du Cadran du Microſcope d'en haut faſſe de tours pour que la pointe de l'éguille paſſe d'un bord du diaphragme à l'autre bord, ſuppoſons qu'il faille 25 tours de vis, & que ces 25 tours répondent à ſix lignes.

Il faut enſuite ſe ſervir du Micrometre d'en bas ; ſi on met dans la grande pince qui y tient, une plaque de glace, ſur laquelle il y ait un cheveu tendu, il n'y a qu'à tourner le bouton de la vis, & compter combien de parties du Cadran l'éguille parcourt pour les lentilles fortes , ou combien cette éguille fait de tours & parcourt de parties d'un tour pour les lentilles moins fortes , pour que l'image du cheveu traverse le champ intérieur du Microscope. En faisant cette opération pour chaque lentille on construira la table suivante.

TABLE PREMIERE.

Lentille la pl. for.]	- - - - - 50	*parties à* 25	*tours de vis.*
N° 1	- - - - - 80	- - - à 25	
2 - - 1 *tour pl.* - 20	- - - à 25		
3 - - 2 *tours* - - - 25	- - - à 25		
4 - - 3 - - - - 25	- - - à 25		
5 - - 4 - - - - 25	- - - à 25		
6 - - 8 - - - - 25	- - - à 25		

L'on voit qu'en se servant de la lentille forte, 50 parties du Micrometre d'en bas , qui valent un demi-tour de vis , répondent à 25 tours de vis du Micrometre d'en haut.

Pour connoître combien un objet est amplifié de fois dans le champ du Microscope , il faut multiplier les 25 tours de vis par 100 parties que contient le Cadran, & on a 2500 parties qu'il faut diviser par 50 , par 80 , & par tous les autres nombres ci-dessus qui conviennent à chaque lentille , les quotiens de chaque division donneront combien chaque lentille amplifie de fois l'objet dans le champ du Microscope.

TABLE II.

Lentille forte	*ampl. le diam.*	50
N° 1	amplifie	31
2	- - - - -	29
3	- - - - -	12
4	- - - - -	8
5	- - - - -	5
6	- - - - -	3

Par la table suivante l'on détermine combien le Microscope , compris la puissance de grossir de l'oculaire , grossit de fois. On sait qu'une personne qui a une vûe ordinaire voit un objet distinctement à 8 ou 10 pouces de distance , supposons 10 pouces , si cette personne regarde ce même objet avec un verre d'un pouce un quart de foyer , elle verra cet objet huit pouces plus près de son œil, & comme l'Angle que formera l'image au fond de son œil, sera huit fois plus grand, le diamètre de ce même objet, paroîtra aussi huit fois plus grand. Ainsi multipliant le nombre de fois dont chaque lentille augmente dans la table précédente par 8, on verra combien le Microscope augmente le diametre de l'objet par chaque lentille.

Si on multiplie chaque nombre par lui-même, on aura la surface ; si on multiplie ce nouveau nombre par le premier, on aura la solidité.

T A B L E III.

Lent.	Multip.			Dia.	Surface.	Solidité.
forte	50 par 8	égal à		400--	160000--	64000000
Nº 1-31	Id.-8	- - -		248--	61504--	15252992
2-20	Id.-8	- - -		160--	25600--	4096000
3-12	Id.-8	- - -		96--	9216--	884736
4- 8	Id.-8	- - -		64--	4096--	262144
5- 5	Id.-8	- - -		40--	1600--	64000
6- 3	Id.-8	- - -		24--	576--	13824

Connoître à quelle partie d'une ligne répond l'objet le plus insensible à la vûe simple.

Pour connoître la grandeur d'un objet en lui-même, il n'y a qu'à mesurer son image avec le Micrometre d'en haut, en faisant passer la pointe d'un bord à l'autre. Supposons qu'un pas de vis du Micrometre d'en bas, aussi-bien que de celui d'en haut, soit une cinquantiéme partie d'un pouce, & qu'on se serve de la lentille du N° 2. On sçait qu'elle grossit vingt fois dans le champ du Microscope, par conséquent un pas de vis d'en bas répond à vingt pas de vis d'en haut, & un pas de vis d'en haut répond à la vingtiéme partie d'un pas de vis d'en bas, c'est-à-dire, à la vingtiéme partie de la cinquantiéme partie d'un pouce, ce qui fait la milliéme partie d'un pouce ; car 20. multiplié par 50. donne 1000. On peut donc conclure qu'un objet est la 1000ᵉ partie d'un pouce, lorsque son image répond à un pas de vis du Micrometre d'en haut, & qu'il faut par conséquent faire faire un tour entier à l'éguille du cadran du Micrometre d'en haut, pour que la pointe parcoure l'image entiere.

Ainsi, un pas de vis d'en haut répond à la 1000ᵉ partie d'un pouce pour la lentille Nº. 2. à la 1550ᵉ partie d'un pouce pour la lentille Nº. 1. à la 2500ᵉ partie d'un pouce pour la lentille la plus forte, & ainsi des autres, comme on voit dans la table suivante.

TABLE IV.

Lent. forte	grossit		multip. par		égal à
	grossit	50	multip. par	50	égal à 2500
1	dans le ch.	31		50	1550
2		20		50	1000
3		12		50	600
4		8		50	400
5		5		50	250
6		3		50	150

Quoiqu'on se soit servi des deux Micrometres pour une même opération, on pourroit cependant, si on vouloit s'en donner la peine, se servir de chacun séparément, & on auroit la satisfaction de trouver la même chose par deux méthodes différentes, qui se serviroient mutuellement de preuve.

Monsieur

Monsieur le Duc de Chaulnes se
sert souvent de son Micrometre d'en
bas seulement, il met une régle di-
visée en pouces & lignes au bas de son
Microscope à dix pouces de distance,
de façon qu'en regardant d'un œil
dans le Microscope, il voit avec le second œil la régle extérieure qu'il place, de maniere que l'image du champ
du Microscope paroît couvrir la régle, par ce moyen il remarque à combien de pouces & de lignes ce champ
paroît répondre; il examine ensuite
l'espace que l'objet parcoure sur le
Micrometre pendant que l'image parcoure le champ intérieur, & divisant
le champ apparant, marqué par la régle par l'espace ou champ réel & ex-
térieur, marque par le Micrometre
l'opération donne la quantité dont le
Microscope grossit : Par exemple, si
le champ apparent paroît occuper sur
sur la régle extérieure 50 lignes, il
faut multiplier ce nombre de lignes
par 400 parties que donne le cadran
du Micrometre, pour chaque ligne,
on aura 20000 ; ce nombre divisé par
50 parties que l'éguille du Microme-

* *

tre parcoure, lorsqu'on se sert de la lentille forte, pour que l'image d'un objet traverse entiérement le champ intérieur du microscope, on aura 400. qui sera le nombre de fois que le microscope grossit, & qui est le même qu'on vient d'avoir dans la table par la méthode précédente.

Micrometre fait avec des fils d'argent.

Nous avons deja dit que ce Micrometre étoit divisé de maniere qu'un pouce étoit partagé en 50 parties en longueur, & en 2500 en surface. Le Micrometre d'en haut est marqué CC. dans la planche; il se met dans le corps du Microscope; après l'avoir devissé, on le place contre le diaphragme, & on l'arrête en serrant la petite vis qui est sur le côté du tuyau.

Le Micrometre d'en bas est marqué BB. on le place entre les deux plaques de la piéce L. qui est sur le porte objet.

Si l'on prend, par exemple, la lentille du N° 2, & qu'un carreau d'en bas occupe 20 carreaux d'en haut, on peut dire que cette lentille augmente le diametre de l'objet 20 fois dans le champ du Microscope, & ainsi des autres, comme on le voit dans la Table.

TABLE PREMIERE.

Lentille forte	amplifie	50
N° 1 - - - - -		3 1
2 - - - - -		20
3 - - - - -		12
4 - - - - -		8
5 - - - - -		5
6 - - - - -		3

Déterminer combien le Microscope grossit.

Il s'agit à présent de savoir combien le Microscope grossit en comprenant la puissance d'amplifier de l'oculaires, l'oculaire étant comme on l'a déja dit, d'un pouce, un quart de foyer, grossit huit fois, si l'on multiplie, par exemple, pour la lentille du N° 2, 20 par 8, on aura 160, nombre dont le diamétre de l'objet est augmenté dans le champ ; si l'on multiplie ce nouveau nombre par lui-même, on aura 25600 pour sa surface, en multipliant ce nombre par 160, on aura la solidité ; & ainsi pour les autres lentilles.

TABLE II.

		Dia.	Surface.	Solidité.
Lent. forte]	gr. 50 m. p. 8 est ég. à	400--	160000--	64000000
1--31	Id.--8------	248--	61504--	15252992
2--20	Id.--8------	160--	25600--	4096000
3--12	Id.--8------	96--	9216--	884736
4-- 8	Id.--8------	64--	4096--	262144
5-- 5	Id.--8------	40--	1600--	64000
6-- 3	Id.--8------	24--	576--	13824

Déterminer la grandeur d'un objet insensile à la vûe simple, & à quelle partie d'une ligne il répond.

Soit, pour exemple, la lentille du N°. 2 ; nous avons déja dit que si un carreau d'en bas occupe 20 carreaux d'en haut, on peut dire que cette lentille augmente l'objet 20 fois en diametre ; mais l'on peut dire aussi en conséquence, que si un objet paroit occuper 20 carreaux d'en haut ,

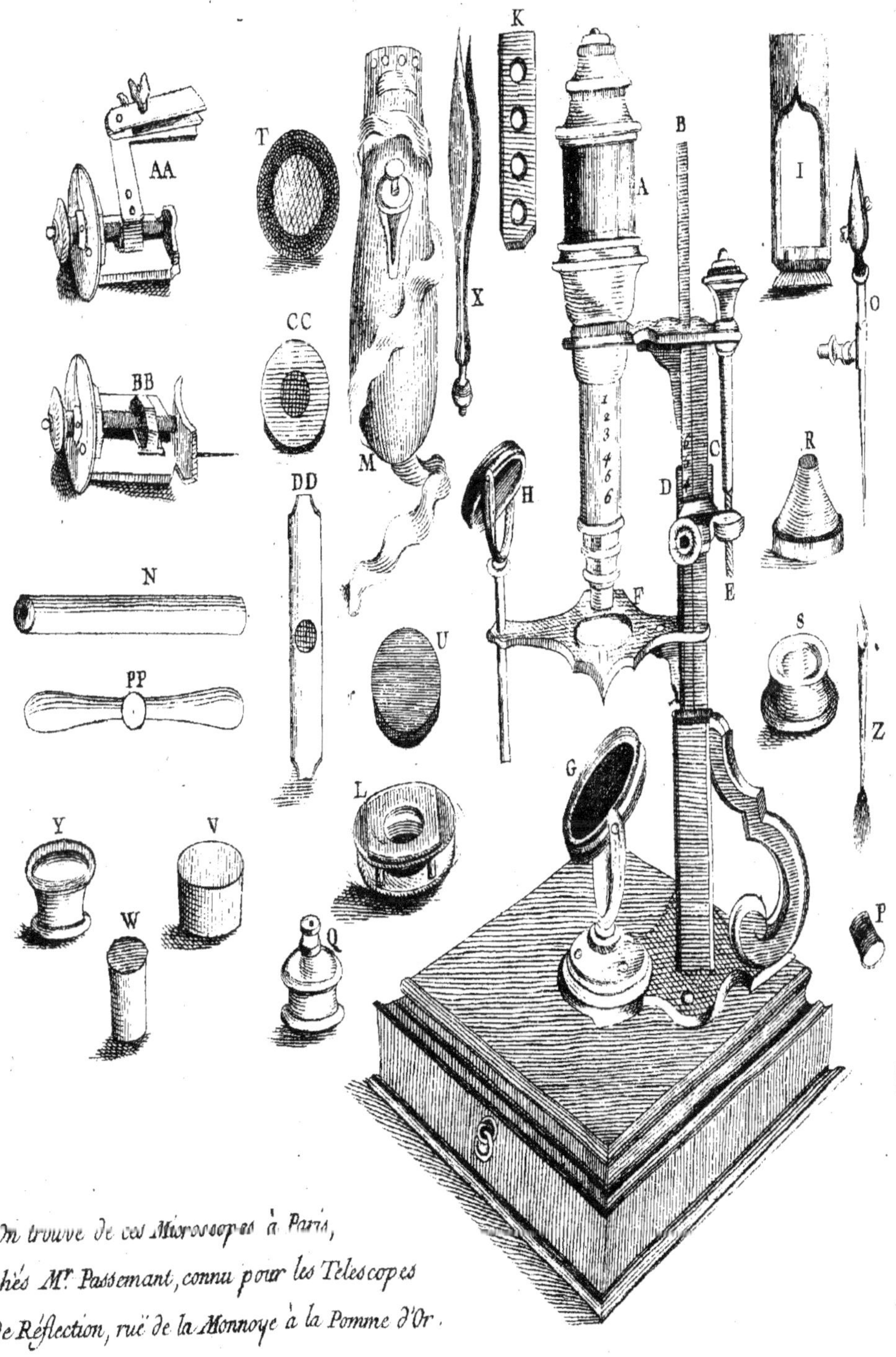

On trouve de ces Microscopes à Paris,
chés M.ʳ Passemant, connu pour les Télescopes
de Réflection, rüe de la Monnoye à la Pomme d'Or.

Ch. Tournay sculp.

il répond en grandeur naturelle à un
carreau d'en bas. Or un carreau d'en
bas est la 50 partie d'un pouce, par
conséquent l'objet en lui-même répond à la 50 partie d'un pouce. Si
l'objet n'occupe qu'un carreau d'en
haut, il est la 20 partie d'un carreau
d'en bas, mais un carreau d'en bas
est la 50 partie d'un pouce ; l'objet
répond donc à la 20 partie de la 50
partie d'un pouce, c'est-à-dire, à une
milliéme partie d'un pouce, puisque
50 multiplié par 20, donne 1000. Si
l'objet n'occupoit que le quart d'un
carreau d'en haut, il répondroit à la
4000 partie d'un pouce.

On fera une opération semblable
pour toutes les autres lentilles : voici la Table.

TABLE III.

Lent. forte	grossit	50 mul. par	50 égal à	2500
1 — — — — 31	*Id.* -	50 — — —	1550	
2 — — — — 20	*Id.* -	50 — — —	1000	
3 — — — — 12	*Id.* -	50 — — —	600	
4 — — — — 8	*Id.* -	50 — — —	400	
5 — — — — 5	*Id.* -	50 — — —	250	
6 — — — — 3	*Id.* -	50 — — —	150	

* * iij